PEQUEÑA ALUCINACIÓN

PEQUEÑA ALUCINACIÓN
MARÍA GARCÍA ZAMBRANO

CAPITANAS 2
COLECCIÓN DE POESÍA

8/10

Nautilus
EDICIONES

PEQUEÑA ALUCINACIÓN
Primera edición: abril 2024

© De los poemas: María García Zambrano
© De la fotografía de la autora: Laura García Zambrano
© Del diseño de cubierta y maquetación: Nautilus Ediciones
© De la selección de poetas y coordinación editorial: Samuel Trigueros
  Nautilus Ediciones
  nautilusedicioneshn@gmail.com

ISBN: 978-84-10241-08-4
Depósito Legal: Z 710-2024

Impreso en España, Unión Europea

MARÍA GARCÍA ZAMBRANO
(España)

Es autora de los poemarios *El sentido de este viaje* (Aguaclara. 2007); *Menos miedo* (Premio Carmen Conde de la Editorial Torremozas y semifinalista del Premio Ausiàs March al mejor poemario del 2012); *La hija* (El Sastre de Apollinaire, 2015. También editado en Buenos Aires por Abisinia Editorial en 2022); *Diarios de la alegría* (Sabina, 2019); *Esta ira* (Vaso Roto, 2023). Premio Mejor libro del año, del Gremio de libreros de Madrid. Finalista Premio de la Crítica Valenciana al mejor libro de poesía.

Sus versos aparecen en antologías y publicaciones españolas y latinoamericanas. Parte de su obra ha sido traducida al rumano, inglés, francés, portugués e italiano. Forma parte de la Asociación de poetas Genialogías realizando tareas en la comisión de edición.

Es profesora de literatura en Madrid, donde reside. Imparte talleres y seminarios de poesía en distintas instituciones en España y México, y es especialista en la escritura de las poetas en español del siglo XX y XXI. Ha colaborado con crítica literaria en publicaciones como *Turia*, *FronteraD*, *Nayagua* o *Abisinia Review*.

Licenciada en Comunicación por la Universidad de Sevilla, posee estudios de doctorado en Letras Modernas en la Universidad Paris-Diderot; cursos de posgrado en literatura en la Pontificia Universidad Católica del Perú; Filosofía por la UNED y poesía hispanoamericana en la Universidad de Buenos Aires.

NOTA ACLARATORIA O
DE LA INUTILIDAD DE UNA PLANTA REBELDE
ANTE LA "PEQUEÑA ALUCINACIÓN"

Si el corazón se emboca y arremete contra la página,
pero lo blanco no da para tanta levantura, *salsola kali*.

Si de la escápula sobresale lo que duele en metáfora
y los músculos son tembladero sin asir, *salsola kali*.

Si arribamos tarde y la boca pronunció ya en torrentera de versículos
su letanía, *salsola kali*.

Para la alucinación de lo mundo chocando en pronombres, *salsola kali*.

Para los significantes derramamiento en sentido oblicuo, *salsola kali*.

Para el arrebato de la escritura útero en parto prematuro, *salsola kali*.

Tómese la planta, sus hojas capicúas, en postura de escorzo,
sin optimismo.

Las posibilidades de que las capitanas detengan la arritmia provocada
por la poesía son mínimas.

Sin embargo, la ciencia empírica es obstinada
y continúan las investigaciones.

El cierzo golpea y resquebraja los tubos de ensayo.

Our share of night to bear –
Our share of morning –
Our blank in bliss to fill,
Our blank in scorning –

Sobrellevar nuestra parte de noche –
Nuestra parte de mañana –
Llenar nuestro vacío cuando felices,
Nuestro vacío cuando desdeñadas –

Emily Dickinson

I

Qué vida en el pozo y cuánto baja el balde
hasta qué oscuridad
para traducir cómo gime lo metálico

Qué respiración crisálida se oculta
preciosísimo el texto
y va dejando su promesa
aunque no sepamos del indicio

Qué pulso toma el paso
meandros llegan
a la desembocadura de la boca
               al misterio
        la boca de lo porvenir
la lengua   del dolor

Qué cuerpo lleva en sus pies
        ese étimo
o brújula
marcando
el oscurísimo astro
y cuánta luz debiera dar
en cada alborada

II

Dónde lo cruel se extinga
y nazca lo que cura
caricia o daño
bálsamo en *el corte*
la grieta el tajo la separación
su etimología

Dónde la palabra se disuelva
y broten árboles insólitos
bosque mineral y púrpura

Dónde lo compasivo se extienda
aquí duele
también allá

pero hacemos pie
no en lo hondo
en lo hondo no
en lo profundo

Cómo orillar un verano de agujas
y amapolas
carretera al oeste y salvamento

Avistado el mar compruebas que
flotas
y
flotas

2024

DEL DECIR

Copulativo llega el nexo y en la entraña
la sombra es materia en sí
venas con el miedo en lo hondo
se espejean
y ese lunar sin pie ni labios
anuncia osamenta en retirada

Asteroides como cernícalos se vacían
en el estómago
y todo es interior y placer y mudo

La soledad se alza
liquen que atraviesa la roca y boquea
en lo más mineral
                  el casi ahogo

En el centro el intestino habla un idioma sordina

bálsamo del decir
escucha de vértebras en acople
                      sin sacudida

        Pero deja que el barco zarpe y tú en la costa
                caracol de no amanecer
      concha apenas sin huella de baba ni rastro
             un decir de olas en suspensión
                espuma que no dilata
             lo invisible a todos ojos

lo que solo se ensambla en sí
para la gesta

2024

Escribo casi totalmente liberada de mi cuerpo. Como si este levitase. Mi espíritu está vacío por tanta felicidad. Tengo ahora una libertad íntima. Estado de gracia.

Clarice Lispector

LA ESCRITURA

Sea por alucinación
la oscura consecuencia de ser hambre
la lógica extensión de la desdicha
(palabras obedientes para mi sed y sus voces)
los verbos abandonan su orgánica firmeza
tan sólo signos marcando el límite
este dolor
el coto que resguarda mi *animal de la locura*.

2015

HAMBRE

Porque me amamantó la niebla
mis labios no supieron retirarse a tiempo
el hambre me devora la memoria,
hormigueo tenaz,
vigilia indeseada,
golpe intermitente en la niñez.

Porque me amamantó
una mujer cortada en dos pedazos,
muñón que duele y no se cura,
ave atada a la roca,
risa cercenada por un invierno de pañal sucio,
ahora tengo un hambre centenario,
hambre fósil,
sin dios,
que no descansa.

Porque me amamantó el silencio
no me basta
                este
                silabeo
                        inútil.

2012

LINGÜÍSTICA PARA PRINCIPIANTES

Años de vaho en la ventana
y sigo trazando interrogantes
(tela pegajosa que se adhirió al vientre
y ahora me crecen ramas secas).

Conjugo este verbo para negar que en la esquina creciera
un árbol.

Yo me guarecía
para que no me tragara el animal dormido en mi esternón
me guarecía
pero entraba
con sus ojos lúcidos
a devorar mis horas,
entraba y yo
conjugo.

No encuentro gramática que defina estas garras.

2012

EL DULCE PORVENIR

En este corredor sin fin hacia la muerte
inventas razones para amar cada segundo.

Sentada al borde de una silla
modelas la alegría con las manos,
aunque sangren,
escribes con voz nueva,
necesaria,
y conjugas un verbo iluminado
en todas sus formas.

2012

LUZ DE EMERGENCIA

Tiembla una llama en algún lugar
donde la oscuridad se preñó
y ahora aguardamos.

Nacen palabras de este alumbrar que deseaste,
manos cuarteadas desaparecen de ti.

No temas la alucinación del viento.
No más jardín en el poema.

Ahora reinvento un lenguaje
que me asiste y acompaña
en mi peregrinar sobre la aurora.

2012

TALLER DE COSTURA

¿Quién me encajó a la medida de este abrigo
que habla en la noche y gime al bies?

¿Quién me cosió a la brújula sin norte,
y me dio un patrón para aprender a morir?

Estiro los brazos y enrosco
esa bombilla.
La luz es mínima,
centellean mis piernas.

Hoy vivo en un vestido de luciérnaga
que cubre de almidón mi sombra.

2012

ENERO DE 2012

Todo se reduce a la esperanza.
Daisaku Ikeda

Oscuros pero no.
Que el gusano no siga mordiendo en el hueso.
Ha venido la madre, el padre, la hermana
para cantar
y será niña y tendrá tus labios y dirá una palabra
y creará una estirpe de fe.

Oscuros pero no.
Que el topo no escarbe más en tu vientre.
Ha venido el poeta, la pintora, el bailarín
para crear
y será un árbol y tendrá flor y dará sombra
y creará el surco donde la vida.

Oscuros pero no.
Que el banquero no se lleve estos dientes de leche.
Ha venido el minero, la cirujana, el labrador
para abrir
y será un pájaro y tendrá horizonte y traerá el vuelo
y más.

2012

COLD PLAY

La vida abre la piedra y la ilumina,
colores prodigiosos,
en su interior contienen las estrellas, el fuego,
agua que no cesa de atravesar las fuentes.

La vida es palabra que despierta el goce,
esta oscuridad,
los aledaños de la gran pena,
un domingo con los pies besando la espuma
que regresa veloz a su inmóvil orilla.

A veces compartida se multiplica
y entonces cabe el mineral, la sed,
el silencio que conquista la roca
o tus ojos en la ventana de mis piernas,
los dientes, la elipsis, el altar,
el llanto de una niña,
su esperanza.

2012

BOCA QUE AMA

Apenas sé decir de la blancura,
con sílaba de luz
no puedo hacer poemas.

La metáfora negra,
su color azulado del día
ya no muestra su furia.

Amplia la habitación donde no muero,
dulce el adjetivo,
clara la imagen
del duelo que he perdido en las esquinas,
dolor de abrir la palma de una mano,
o la lengua dormida en el infierno.

No sé decir de la hora mansa,
quieta balancea
la noche silenciosa.

Este tren se detiene cada día,
y yo soy la viajera
en un vagón de lujo.

2012

28 DE OCTUBRE

La alegría es decir
la alegría
con tus ojos leyendo
la alegría es decir la alegría

2018

SOBRE LA COMPASIÓN

Intentas nombrar esta alegría
muchos gritan
¿es tan abstracto estar vivo?
peligrosa la voz con que amanecen las garzas
temerario alentar a
quien dice   pozo
respira   pozo
mastica   pozo
sacar a bailar a las vencidas

podrías escribir esta alegría
sientes el coraje en su mano
conoces el parpadeo

–un círculo blanco
donde no cabe la sombra–

querría ser tu hermana
y que fuésemos juntas
a curarnos la fiebre
detener a quien se adentra en el mar
con su ceguera
enterrar la semilla
con toda la compasión
de esos barcos
de papel
que no se hundieron.

2023

No hay instante trágico
    que describir.

La curvatura del agua
      los insectos
la brújula marcando una latitud
    de hormigas.

– Armónico se expande el volumen
de tu pecho –

Los peces en su sed se abren y se cierran
    al ritmo del grillo.
Los sonidos dando forma
    a la alegría.

Sueñas
bustos insinuantes
jardín tan delicioso.

– Tu cuerpo es una isla de deseo
 y calima –

Un gato ríe entre las plumas.

– Tu sexo es malva
y de él licúas el fruto –

Las manos como aletas
y en las membranas
peces desovan
              lirios sagrados.

Porque sueño no lo estoy

2019

1 DE JUNIO

Sueñas
palabras benditas
para la belleza

ese disfraz de la alegría
que vuela de incógnito
                y se esconde
bajo las alas
             de los vencejos.

¿Acaso no tiemblas?

2018

LA BELLEZA

Cuanto sé de la belleza me ha sido entregado en el latido
aún caliente de los metales.
Sé de la víscera, la llaman hígado, y de los jugos que so-
námbula segrega para el miedo.

> Conoces el susurro de cama articulada
> con su onírica materialidad de nido
> o el goteo despertando a la vigía
> en su amanecida estrepitosa.

Cuanto sé de la belleza se aloja en la palabra árbol, latitud
crecida en la columna, vertical símbolo de la supervivencia.

> Reconoces el grito sobre la genealogía antigua
> de los tullidos.
> Y rezas extramuros:
> que la muerte no muerda
> el borde de sus alas.

Cuanto puedo decir de la belleza me lo enseñó su canto.
De él regresa la Mirla. De él aprendimos que el arcano se
equivoca.

> De los dedos de la madre nace
> un hilo de compasión
> para tejer sudarios.
> Y la boca mastica mentiras
> y derrite la nieve piadosa.

De la belleza he aprendido a renacer en la blancura.
Y en sueños susurras:

> vengan caballos
> atraviesen su pecho y silencien
> la máquina servil que confunde
> el no latido
> con la usencia de la métrica.

2023

POÉTICA DE LA FRACTURA

La ausente deja un hueco
feroz acaricia su osamenta
en ese instante
                        la fractura

la ausente y tú jugáis a las definiciones

la soledad es

–alguien grita–
miras
y cantas
para alejar el miedo
pero nadie ha venido a escuchar el grito
de niña
                        amaestrada
nadie

la soledad es

realizas las tareas
afanosamente
la otra se quedó jugando
   a los diccionarios
 y se tatúa un verso que une
esta mitad de paloma
   y topo
la soledad es

remiendas el descosido de una camisa
para la loca
que escribe
escribe

escribe

2023

20 DE OCTUBRE

Tu morada sea
        esta palabra
        la voz
            lo sagrado

2018

Deja que extienda mis alas
en tu lengua
sobre la textura del miedo
cobije este miedo
que se pueble el espacio
        de lirios
        de pronombres

que la metálica vibración por el hambre
no nos trague

2023

Para la compasión elegimos no decir
inclinarse hacia el animal
acariciar su pelaje

las palabras las dicta
un pensar fragmentario

el poema sea
esta obediencia cabal
ante la muerte

2024

NO HALLARÍA PALABRA TAN PURA

No existe la carencia
no
lo imperfecto
las hojas moteadas se ciñen
          en lo alto
no ves banalidad en el paisaje.
Hondura de raíces
lo otro
     el devenir.
La hiedra
      aferrada a su destino.

– Quién podría nombrar
 esta belleza –

Si algún visitante cantara
la historia
del insecto azul que ejercita
      su vuelo
no hallaría palabra
         tan pura
para acoger
     el dulce
     temblor
     del agua.

2019

9 DE JULIO

Vagar por los instantes
fronda infinita y salvífica
donde despierta
la alegría plateada
                    de los chopos.

No permanecer sino volar
por entre los huecos de un poema
la risa de una niña
su voluptuosa infinitud.

Abrazar el ciclo de las olas lejanas
su vaivén
            de vals antiguo.

Abrazar el ciclo de quienes confían
                        en la lluvia
la certeza del viento
                    la cálida sonrisa
                    de la *flâneuse*

2018

Trata de encontrar el lugar adecuado
para ti misma

es real
si con tu pensamiento moldeas
la forma

–escucha ese músculo
latiendo
firme
y con benevolencia–

no olvides
la tierra donde esparcimos la semilla
de lo compasivo
antes de que puedas tocarla
existe
y es un lugar sagrado

el mejor lugar que ha concebido
tu pensamiento

bendícelo
con materia
verbal

2023

Las bendiciones curan
bien dicha la palabra Amor
desgarra el cielo que te cubre
tus bronquios danzan
al compás
de una música amantísima
y abres tu boca de Mirla
sobre los glaciares

−mudas en polvo las esquelas
talladas para ti−

pero no es la hora
−aunque limpiaron los nichos−
no es la hora

bien dicha la palabra Amor
funde los metales
y los convierte en luz

porque no bastará con la poesía
un ave nos ha traído
tu corazón
las manos pueden sentir el peso del aire
aferrándose a los muros
el deshielo de la voluntad inmóvil
todavía
sobre la herrumbre
sobre el frío de este páramo
porque hemos sembrado Amor y compartimos
las palabras benditas
las bendiciones curan

una diminuta llama
alumbra ahora
un planeta donde nunca
amó nadie

2023

Le pedirías
que acompañe al cortejo
te acercara a la muerte
y
después
regresar de la mano
junto al minúsculo ataúd

–terrones que caen como la lluvia–

no hay miedo
saber que llegará la hora traslúcida
la llama
renacer con una corona de tulipanes
sobre el pelo encarnado
así
bellísima
y en la boca esta oración
                    que mastico
delicadamente

porque en mi lengua las palabras
ya no son palabras
es su carne
y no duele

2024

UNA CODA SOÑADA
Y LA PEQUEÑA ALUCINACIÓN

CON CÉSAR VALLEJO,
FÓSFORO A FÓSFORO EN LA OSCURIDAD

Amanecí Trilce
perdida
descoyuntada
semillítica de este decir

Expando la masa para ahuyentar la sequedad
y he gorjeado como una ruiseñora

Sal de esta caja de zapatos y vuela con tu falange ávida
y tu melancolía
niña encumbradora de mitos maternales

En el corral había un huevo a punto de traer la infancia
desvencijada por el amor

Y qué si no nací para saltar

¡Quieta ahí!
lo que es ahí está más ausente

Déjame levantar un piececito
este meñique perturbador que me mira con sus tres ojos

Amanecí espantada por la belleza de mi línea coyuntural
miraba sus relieves en los espejos convexos de la poesía

rozaba la cresta y no duele
Que alguien venga a sacarme esta espina ojo de cíclope
que me cure el pie de mi garganta

la mudita que solo podía escribir
me llamaron
sintaxis bendecida

Amanecí Trilce
como un insecto dislocado
preguntándome el secreto del apocalipsis

esta terribilidad del deseo preconcedido
crédito que he de pagar con espuma

Y si es el mar adonde van mis huesos
que desaparezca
solo lo firme podría salvarme

Bucear no nos está permitido a las vacas sagradas
me esquivan
son capaces de caer por el espolón
naufragar en los vasos para no mirarme

Esta que ha tatuado un insecto y la devora
la que masticará su carne y no escupirá ni un hilo
al que la reencarnación haga atadura

Amanecí Trilce
como los huesos de pascua en verano
desubicada
angular

Es tristísima la primavera   y yo canto
Es esdrújula la roca que hay que alzar cada día   y yo canto
Es epiceno el amor y cede y se deforma   y yo canto
Es frágil la raíz de la absenta   y yo canto

               Tan poca cosa este sufriendo
                       imperativo
                         grito
                       esternón
                        ahogo

Del oxígeno sabemos su sabor de playa invisible
corazón que permea vocablos
estridencias
asonante retahíla

endecasílabo podrido de
                        tanta
                        baba

                                              2024

PEQUEÑA ALUCINACIÓN

I

En lo pequeño te buscaba,
escorpión de la orilla.

Has sabido morder
mi labio
mis zapatos
hasta llenarme de eco.

En lo diminuto recogía
montoncitos de té
para tanta desgana.
Te miraba las manos
no llegabas a más
se extendían para hacerte crecer en la sombra
pero era ínfima la huella en la nieve
diminuta la cavidad
tu boca:
oscura alberca donde el juego.

II

–Abre la ventana al árbol.
Pero sin árbol.
Arranqué cortezas de una mesa
y ardió la casa.

–Abre la ventana.
Pero no había espacio para abrir.
En el centro el musgo eléctrico nos envolvía el sexo
de pequeñas alicias que beben agua sucia del baño
y no pueden vomitar.

III

Todavía riego flores de papel en el sótano
y me escondo haciendo ruido,
para que no vengas.
Espanto las moscas del espejo,
y en lo pequeño sigo buscando.

Ya no recuerdo el agujero que hice en la pared
con mis uñas postizas.

2012

Los dos poemas que abren este libro, la *Coda soñada con César Vallejo* y los poemas de 2024 son inéditos. La mayor parte de los textos de *Pequeña alucinación* se han publicado anteriormente en distintos poemarios. Páginas 22, 23, 24, 25, 26, 27, 28, 29, 54, *Menos miedo* (Torremozas 2012); página 21 *La hija* (El sastre de Apollinaire 2015); páginas 30, 32, 34, 39, 42, 43 *Diarios de la alegría* (Sabina 2019); páginas 31, 35, 37, 45 *Esta ira* (Vaso roto 2023).

Índice

PEQUEÑA ALUCINACIÓN
de María García Zambrano
-8/10 de la Colección Capitanas 2-
se terminó de editar y maquetar
por Nautilus Ediciones
en Zaragoza, España,
en abril de 2024.